AF348158

# TIBULLE ET DELIE,

## OU



## LES SATURNALES,

### ACTE DES FESTES GRECQUES ET ROMAINES,

REMIS EN MUSIQUE;

*REPRÉSENTÉ POUR LA PREMIERE FOIS,*

*SUR LE THÉATRE*

## DE L'ACADÉMIE-ROYALE

*DE MUSIQUE,*

Le Lundi 15 Mars 1784.

*PRIX XII SOLS.*

*A PARIS,*

De l'Imprimerie de P. DE LORMEL, Imprimeur de ladite Académie, rue du Foin Saint-Jacques, à l'Image de Sainte Genevieve.

*On trouvera des Exemplaires à la Salle de l'Opéra.*

M. D C C. LXXXIV.

*AVEC APPROBATION, ET PRIVILEGE DU ROI.*

**********************************

Les Paroles de feu FUZELIER.

La Musique est de M<sup>lle</sup>. BEAUMESNIL,
Pensionnaire du Roi.

**********************************

# AVERTISSEMENT.

*P*ERSONNE *n'ignore que les Saturnales étoient une Fête célebre instituée chez les Romains, pour rappeler les beaux jours du Siecle de Saturne, où tous les hommes étoient égaux. Il étoit d'usage que les Maîtres, pendant cette Fête, servissent à table leurs esclaves revêtus de leurs habits. On célébroit ces Fêtes aux flambeaux.*

*On suppose que Tibulle, déguisé en esclave, & sous le nom d'Arcas, profita de la liberté des Saturnales, pour mieux pénétrer les sentimens de Délie. L'un & l'autre sont si connus, qu'il est inutile d'entrer ici dans aucun détail à ce sujet.*

# ACTEURS ET ACTRICES
## *CHANTANTS DANS LES CHŒURS.*

| CÔTÉ DE LA REINE. | | CÔTÉ DU ROI. | |
| --- | --- | --- | --- |
| *Mesdemoiselles.* | *Messieurs.* | *Mesdemoiselles.* | *Messieurs.* |
| Des Rosières. | Candeille. | Dubuisson. | Péré. |
| D'Hautrive. | Larlat. | Garrus. | Legrand. |
| Joséphine. | Capoi. | Rouxelin. | Martin. |
| Fel. | Rey. | | Pouffez. |
| Launer. | Vallon. | Sanctus. | Touvoys. |
| Macker. | Cleret. | Charmoy. | Cauchois. |
| Aurore. | Renaud. | Leclerc. | Jalliot. |
| David. | Tacuffet. | Deslions. | Cavallier. |
| Breffort. | Baillon. | Voisin. | Jouve. |
| Beaumont. | De Lort. | Desportes. | Moulin. |
| | Fagnan. | Lacourneuve | Jalaguier. |
| | Bouvard. | | Duchamp. |
| | Joinville. | | Delboy. |
| | Le Roux, 1. | | Débeirk. |
| | Le Roux, c. | | |

# ACTEURS.

DÉLIE, *Dame Romaine,*
*parente de Mécène,*   M^me St. Huberti.

TIBULLE, *Chevalier Romain,*
*déguisé en esclave, sous le nom*
*d'Arcas,*   M. Rousseau.

PLAUTINE, *Confidente de*
*Dèlie,*   M^lle. Rosalie.

ESCLAVES *revêtus des habits*   { M. Cheron.
*de leurs Maîtres,*     { M. Moreau.

UNE BERGERE,   M^lle. Gavaudan.

CHEVALIERS ROMAINS, *habillés en esclaves.*

ESCLAVES *revêtus des habits de leurs Maîtres.*

BERGERS.

BERGERES.

PASTRES.


*La Scène est à Rome, dans les Jardins*
*de Mécène.*

# PERSONNAGES DANSANTS.

## CHEVALIERS ROMAINS, & DAMES ROMAINES.

### M. GARDEL.

M<sup>rs</sup>. Abraham, le Breton, Caſter, Poinon, Coindé, Joly.

M<sup>lles</sup>. Bigotiny, Puiſieux, Dancourt, Camille, Prud'homme, Barré.

### ESCLAVES.

Mrs. FREDERIC, HUART.

M<sup>rs</sup>. Franciſque, la Haye, Clerget, Henry, Barré, Seville.

Mlles. COULON, CREPEAU.

M<sup>lles</sup>. Henriette, Carré, Siville, la Coſte, Troche, Meziere.

### BERGER & BERGERE.

### M. NIVELON, M<sup>lle</sup>. GUIMARD.

### PASTRES & PASTOURELLES.

Mrs. LAURENT, LEFEVRE.

M<sup>lle</sup>. PESLIN, M<sup>me</sup>. PERIGNON.

# TIBULLE ET DELIE.

*Le Théatre repréſente les Jardins de Mecêne,
ornés pour la Fête.*

# SCENE PREMIERE.

### D E L I E, ſeule.

Vainement je voudrois feindre.
Quel tourment de ſe contraindre !
Cher amant que peux-tu craindre
  Quand je penſe comme-toi ?
  L'âmour qui t'enflâme,
  Embrâſe mon âme ;
C'eſt le prix qu'obtient ta flâme ;
C'eſt ce Dieu qui le reclame,
  Et ce prix digne de toi,
Viens le recevoir de moi.

Tu vas l'entendre
Cet aveu tendre,
D'où doit dépendre
Notre bonheur.
Il rendra le calme à ton cœur.

Vainement, *&c.*

# SCENE II.

## DÈLIE, PLAUTINE.

### *PLAUTINE.*

Est-il bien vrai qu'Arcas soit le tendre Tibulle ?
L'esclave qui toujours se présente à vos yeux...

### *DÈLIE.*

Est Tibulle lui-même, & le feu qui le brûle
Sous ce déguisement l'attire dans ces lieux.

### *PLAUTINE.*

Aujourd'hui de Saturne on célébre la Fête.
De ces tems fortunés on sçait les douces loix ;
L'Esclave égal au Maître en posséde les droits.
Le chagrin fuit, la colere s'arrête ;
Le Tibre sur ses bords revoit la liberté.
Tibulle en aura profité.

*DÈLIE.*

### DÈLIE.

Il se croit inconnu ; le transport qui l'enflâme,
Guidé par le respect, se cache dans son âme.
Conduite par le sort dans un bois écarté,
J'ai, sans être apperçue, éclairci ce mystere ;
Tibulle soupirant au bord d'une onde claire,
  Ne pensoit pas être écouté.
J'ai connu dans ces lieux le prix d'un cœur sincere.

### PLAUTINE.

Je ne m'étonne pas si votre empressement
  Vous y ramene à tout moment.

### DÈLIE.

Dans ces jardins charmants, Flore enchaîne Zéphire.
  Quel aimable séjour
  Pour un cœur qui soupire !
Un doux Printems y regne avec l'Amour.

Sous ces arbres témoins de mon bonheur suprême,
  A chaque instant je puis trouver
  Le plaisir de voir ce que j'aime,
  Ou du moins celui d'y rêver.

Dans ces jardins, &c.

### DÈLIE, appercevant Tibulle.

Mais Tibulle paroît : éprouvons sa constance

Par une feinte confidence.

*( Plautine fort.)*

# SCENE III.

DÈLIE, TIBULLE, *déguisé en Esclave*
*sous le nom d'*ARCAS.

### DÈLIE.

Venez, Arcas, venez; je veux en ce moment
Reconnoître vos soins & votre empressement.

### TIBULLE.

Chaque jour avec plus de zele,
Je voudrois pouvoir vous servir;
Lorsqu'ici votre ordre m'appelle,
Mon devoir devient un plaisir :
Heureux, si le soin qui me presse
Est toujours approuvé par vous !
Le sort d'un esclave est bien doux,
Quand c'est vous qu'il a pour maîtresse.

### DÈLIE.

Mon cœur dans un projet attend votre secours.

### TIBULLE.

Je saurai, s'il le faut, vous immoler mes jours.

### DÈLIE.

Arcas, vous allez moins payer ma confiance.

### TIBULLE.

Parlez… vous balancez… .. ah ! c'est trop différer.

### DÈLIE.

Eh bien ! il faut me déclarer ;
J'aime à voir votre impatience.

Je méprisois l'amour, je fuyois ses plaisirs,
Et je bornois tous mes desirs
A la tranquille indifférence.
En soumettant mon cœur à sa douce puissance,
L'amour croit s'être bien vengé.
Je l'aurois plutôt outragé,
Si j'avois prévu sa vengeance.

### TIBULLE, à part.

Quel trouble affreux vient me saisir !

( à Dèlie. )

Vous aimez donc ! l'amour aura sçu vous choisir
Un amant digne de vous plaîre.

B ij

### DÈLIE.

Le Dieu qui regne dans Cithere,
Eſt le plus éclairé des Dieux.
L'aimable choix qu'il m'a fait faire,
Prouve bien qu'il n'a pas un bandeau ſur les yeux.

Graces, talens, deſir de plaire,
Tout m'a ſéduit dans l'objet de mes vœux ;
Et ſi j'emprunte encor le voile du myſtere,
C'eſt pour m'aſſurer de ſes feux.

Le Dieu, &c.

Que pour moi dans ce jour votre zele s'empreſſe ;
C'eſt à vous ſeul, Arcas, d'achever mon bonheur.
Vous connoiſſez l'objet de ma tendreſſe ;
Nul ne peut mieux que vous m'aſſurer de ſon cœur.

### TIBULLE.

Quelle cruelle confidence !
Ah ! ne l'achevez pas ; ceſſez de m'accabler,
Ou mon funeſte amour va rompre le ſilence.

### DÈLIE.

Arcas aime Dèlie, & l'oſe révéler !
Mais la Fête & Saturne excuſent votre offenſe ;
Gardez-vous de la redoubler.

### T I B U L L E.

Quoi ! vous me refufez jufqu'à votre colere !
Je ne puis plus fouffrir un fi cruel tourment.
Fuyons.

### D È L I E.

Reftez, Arcas ; c'eft en vous que j'efpere.
Je ne pourrois fans vous voir ici mon amant.
Mécène favorable à notre ardeur fincere,
Veut bientôt nous unir par un hymen charmant.

### T I B U L L E.

Quels combats ! quel feu me dévore !
Dieux ! mon dépit ne fert qu'à me trahir.
Hélas ! vous allez me haïr,
Et moi, je vous adore.
D'un malheureux écoutez les accens ;
Ayez pitié de fa douleur mortelle.
Je nourris dans mon cœur une fiâme cruelle ;
Je fuis affez punie par les maux que je fens.

( *Dèlie rit.* )

O ciel ! vous infultez à l'ardeur qui me brûle !
Craignez que je n'immole à ma jufte fureur
Le trop heureux objet de votre tendre ardeur.

### D È L I E.

Pourriez-vous immoler Tibulle ?

### *TIBULLE.*

L'ai-je bien entendu ? quel nom prononcez-vous ?

### *DÈLIE.*

C'eſt le nom de l'objet de mes vœux les plus doux.

### *TIBULLE.*

O Ciel ! quel prix de ma perſévérance !
Non , jamais l'eſpérance
N'auroit oſé le promettre à mon cœur.
Ah ! deviez-vous ſi tard m'apprendre mon bonheur ?

### *DÈLIE & TIBULLE.*

Que ce moment eſt cher à ma tendreſſe !
Amour, redouble notre ivreſſe ;
Viens unir à jamais
Deux cœurs heureux par toi qu'enchaînent tes bien-
faits.

(*On entend un prélude qui annonce la Fête des
Saturnales.*)

### *TIBULLE.*

On vient des tems heureux chanter la paix char-
mante.
Du plaiſir de vous voir que la fête s'augmente.

# SCENE IV.

DÈLIE, TIBULLE, BERGERS, BERGERES,
CHEVALIERS ROMAINS *en habits d'Esclaves*,
ESCLAVES *revêtus des habits de leurs Maîtres.*

*La Ferme s'ouvre. Les Jardins de Mécène paroissent illuminés.*

### LE CHŒUR.

CHANTONS cent & cent fois ;
Echos, répondez-nous, répondez à nos voix.
Chantons dans ces belles retraites ;
Saturne, entends-nous dans les cieux.
Que les hautbois, que les musettes
Célébrent le modèle & des Rois & des Dieux.

*(On danse.)*

### Deux ESCLAVES, avec le CHŒUR.

O Saturne ! ô Dieu bienfaiteur !
Salut : ton bras protecteur
Une fois de nos chaînes
Adoucit le poids & les peines.

*(On danse.)*

### Une BERGERE.

Dans nos boccages,

Sous ces verds ombrages,
Il n'eſt point d'autre Cour
Que celle de l'Amour.

La douce paix
Regne à jamais
Dans ces belles retraites;
Nos voix & nos muſettes
Chantent tes bienfaits;
Nos amourettes
Reſſentent tes bienfaits.

Dans nos boccages, &c.

(*On danſe.*)

## FIN.

---

## *APPROBATION.*

J'AI lu par ordre de Monſeigneur le Garde des Sceaux, *TIBULLE & DÉLIE*, Opéra : & je n'y ai rien trouvé qui m'ait paru devoir en empêcher l'impreſſion. A Paris ce 13 Mars 1784.

LE BRET.